HERZLICH WILLKOMMEN

Kochen muss nicht kompliziert sein! Mit diesem vegetarischen Kochbuch nach dem Konzept der „Becherküche" wird das Kochen zum Kinderspiel. Mit den unterschiedlich großen Messbechern in verschiedenen Farben sind alle Zutaten schnell abgemessen. Übersichtliche Anleitungen führen Sie Schritt für Schritt durch vegetarische Rezepte für wärmende Suppen, leckere Aufstriche, Pfannen- und Ofengerichte sowie Nachspeisen-Klassiker.

Birgit Wenz

DIE HÖHLE DER LÖWEN

Die Idee zum Buch „Kinderleichte Becherküche" hatte Birgit Wenz während ihrer Elternzeit.

Die Erzieherin ist Mutter von zwei Söhnen und so liegen ihr Ernährungserziehung und die Förderung von Eigenständigkeit sowohl beruflich als auch privat sehr am Herzen.

Seit über zehn Jahren betreut Birgit Wenz Kinder im Vorschulalter und hat oft viel Zeit in die Vorbereitung von Koch- und Backangeboten investiert. Mit ihrem Konzept möchte sie jetzt nicht nur Kindertageseinrichtungen, sondern auch Familien begeistern. Unterstützung erhält sie dabei von ihrem Mann Stefan Wenz, der sich um den Vertrieb und das Marketing kümmert. Zusammen sind sie ein unschlagbares Team!

KINDERLEICHT AUCH FÜR ERWACHSENE!

Mit dieser Ausgabe wagen sich die Macher der „Kinderleichten Becherküche" auf neues Terrain – und lassen endlich auch die Erwachsenen mitmachen! Vegetarisch ist schließlich voll im Trend und bei Groß und Klein gleichermaßen beliebt. Die vorliegende Rezeptsammlung setzt die Bücherserie fort, die einst mit einer engagierten Präsentation in der VOX-Gründershow „Die Höhle der Löwen" angefangen hatte. Birgit Wenz konnte die anwesenden Investoren von Ihrem sympathischen Konzept für kleine Köche & Bäcker überzeugen und vor allem Ralf Dümmel damit begeistern. Seitdem ist die „Kinderleichte Becherküche auf Erfolgskurs und begeistert Groß und Klein mit immer neuen Rezeptideen.

Birgit Wenz wünscht viel Spaß & guten Appetit!

UMGANG MIT DER KINDERLEICHTEN BECHERKÜCHE

AUFBAU DES BUCHES

Jedes der 15 Rezepte besteht aus einer Rezeptübersicht mit Zutaten- und Materialliste und einer mehrseitigen Schritt-für-Schritt-Bildanleitung, in der alle Einzelschritte dargestellt sind.

VORBEREITUNG

Zutaten wie z.B. Gewürze, Nudeln, Milch, oder Öl in ausreichender Menge bereitstellen, ohne diese vorher abzuwiegen bzw. abzumessen.

BEISPIEL: für 270 g Reis eine ganze Packung Reis (500 g) bereitstellen.

GEMÜSE, OBST UND DOSEN: Stellen Sie genau die Menge bereit, die in der Rezeptübersichtsseite angegeben ist.

OBST UND GEMÜSE: Diese Lebensmittel kurz und gründlich unter kaltem fließendem Wasser waschen. Dieser Arbeitsschritt wird nicht beim Rezept dargestellt. Das Material aus der Rezeptübersicht bereitstellen.

RATGEBER ZUTATEN

MILCH: Stets zimmerwarme Milch verwenden, ca. 23 °C.

WASSER: Immer lauwarmes Wasser verwenden, ca. 35 °C.

EIER: Entsprechen der Größe M.

BUTTER: Die Butter frühzeitig vor dem Backen aus dem Kühlschrank nehmen. Bei Zimmertemperatur lässt sich diese einfacher verarbeiten und verbindet sich so am besten mit den anderen Zutaten.

KRÄUTER: Es werden hauptsächlich getrocknete (gerebelte) Kräuter verwendet. Die Maßangabe der Löffel ist nicht für frische Kräuter geeignet.

ABMESSEN DER ZUTATEN

MEHL: Den Messbecher gehäuft mit Mehl füllen. Anschließend mit einem Messer überschüssiges Mehl abstreifen, damit der Becher randvoll gefüllt ist.

WEITERE ZUTATEN: Den passenden Becher stets bis zum Rand füllen. Es gibt keinen Eichstrich oder Ähnliches.

WENN KINDER MIT DIESEM BUCH ARBEITEN

Der Erwachsene und das Kind betrachten den 1. Arbeitsschritt und besprechen diesen. Nachdem das Kind die Aufgabe verstanden hat, soll es den Auftrag selbstständig ausführen. Die Aufgabe des Erwachsenen ist es, sich begleitend im Hintergrund zu halten und lediglich Hilfestellung zu geben, wenn das Kind allein nicht mehr weiterkommt. Mit den weiteren Arbeitsschritten wird ebenso verfahren. Beim Umgang mit Elektrogeräten muss das Kind jedoch sorgfältig von Erwachsenen beaufsichtigt werden. Auch die Bedienungsanleitungen der jeweiligen Elektrogeräte müssen beachten werden!

HINWEISE

VORSICHT BEIM UMGANG MIT ELEKTROGERÄTEN: Hier steht die Sicherheit des Kindes im Vordergrund! Es liegt im Ermessen des Erwachsenen, inwieweit das Kind selbstständig das Rührgerät oder den Stabmixer benutzen darf. Ebenso entscheidet der Erwachsene über den Umgang mit dem heißen Backofen. Bitte beachten Sie die Anweisungen in den Bedienungsanleitungen der jeweiligen Elektrogeräte hinsichtlich der Bedienung durch Kinder!

HERD: Die Rezepte in diesem Buch werden auf einem Elektroherd zubereitet. Die Zeitangaben des Timers können sich je nach Herdplatte, oder Topfstärke verändern.
Bitte beachten! Wenn ein Gasherd verwendet wird, ändert sich die Zubereitungszeit.

BACKOFEN: Die Temperatur des Backofens ist immer auf Ober- und Unterhitze ausgelegt. Der Rost oder das Backblech gehören immer in die unterste Schiene im Ofen.

BECHERSET: Das Becherset ist lebensmittelecht und spülmaschinengeeignet.

INHALTS-VERZEICHNIS

KAROTTEN-SUPPE

Ergibt: Portion für 4 Personen • **Zubereitungszeit:** 25 Minuten • **Kochzeit:** 20 Minuten

Zutaten

5 Karotten ca. 500 g

1 Zwiebel

1 Knoblauchzehe

1250 ml warmes Wasser

Salz

Gekörnte Gemüsebrühe

Currypulver

30 g Sauerrahm

Material

Becherset

Timer

Topf mit Deckel

Sparschäler

Schneidebrett mit Messer

Pürierstab

Schürze

1

Die fünf Karotten schälen und die Enden abschneiden.

2

Die Zwiebel schälen.

3

Die Karotten und die Zwiebel in Stücke schneiden und in den Topf geben.

4

Eine Knoblauchzehe schälen und in den Topf geben.

5

Einen gelben Löffel Salz hinzufügen.

6

Einen gelben Löffel Currypulver in den Topf geben.

7

Einen grünen Löffel gekörnte Gemüsebrühe hinzufügen.

8

Fünf blaue Becher Wasser in den Topf gießen.

9

Den Topf mit Deckel auf die Herdplatte stellen und das Gemüse 20 Minuten weich kochen.

10

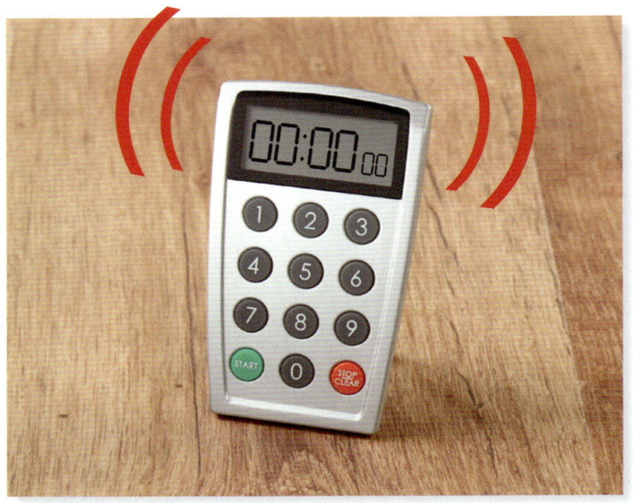

Wenn der Timer ertönt, den Topf von der Herdplatte nehmen und den Deckel beiseitelegen.

11

Einen orangen Becher Sauerrahm in den Topf geben.

12

Mit dem Stabmixer alle Zutaten zu einer feinen Suppe pürieren.

ROTE-BETE-SUPPE

Ergibt: Portion für 4-6 Personen • **Zubereitungszeit:** 30 Minuten • **Kochzeit:** 20 Minuten

Zutaten

4 Stück Rote Bete (ca. 500 g)

1 Apfe

1 Zwiebel

1 Liter Wasser

200 ml Sahne

gekörnte Gemüsebrühe

Salz

Majoran gerebelt

Material

Becherset

Timer

Topf mit Deckel

Schneidebrett mit Messer

Sparschäler

Löffel

Pürierstab

Handrührgerät mit Schaumschläger

Schüssel

Gummihandschuhe

Schürze

1

Die Zwiebel schälen.

2

Den Apfel schälen, vierteln und entkernen.

3

Die rote Bete schälen.

4

Alle Zutaten in kleine Stücke schneiden und in den Topf geben.

5

Einen grünen Löffel gekörnte Gemüsebrühe in den Topf geben.

Einen gelben Löffel Salz hinzufügen.

7

Einen gelben Löffel Majoran gerebelt in den Topf geben.

8

Vier blaue Becher Wasser in den Topf gießen.

9

Den Topf mit Deckel auf die Herdplatte stellen und die Zutaten 20 Minuten kochen.

10

Wenn der Timer ertönt, den Topf von der Herdplatte nehmen und den Deckel beiseitelegen.

11

Drei orange Becher Sahne in den Topf geben.

12

Mit dem Stabmixer alle Zutaten zu einer feinen Suppe pürieren.

13

Die restliche Sahne steif schlagen.

14

Die Suppe mit Sahne garnieren.

PESTO ALLA GENOVESE

SO SCHMECKT DER SOMMER!

Ergibt: ca. 150 g • **Zubereitungszeit:** 15 Minuten

Zutaten

1 Bund Basilikum

125 ml Olivenöl

60 g geriebener Parmesan

30 g Pinienkerne, geröstet

1 Knoblauchzehe

Salz

Material

Becherset

Hohes Gefäß zum Pürieren

Pürierstab

Schneidebrett mit Messer

Schürze

1

Alle Basilikumblätter abzupfen und in das hohe Gefäß geben.

2

Die Knoblauchzehe schälen und hinzufügen.

3

Einen roten Becher Olivenöl in das Gefäß gießen.

4

Vier orange Becher Parmesan hinzufügen.

5

Zwei orange Becher Pinienkerne in das Gefäß geben.

Zwei Prisen Salz über die Zutaten streuen.

7

Mit dem Stabmixer alle Zutaten zu einem feinen Pesto pürieren.

WALNUSS-PESTO

Ergibt: ca. 200 g • **Zubereitungszeit:** 20 Minuten

Zutaten

50 g Walnusskerne

5 getrocknete Tomaten (in Öl eingelegt)

1 Knoblauchzehe

50 g Parmesankäse

120 ml Olivenöl

Petersilie gerebelt

Salz

Material

Becherset

Messer

Gabel

Hohes Gefäß zum Pürieren

Pürierstab

Schürze

1

Einen roten Becher Walnüsse in das Gefäß geben.

2

Fünf getrocknete Tomaten hinzufügen.

3

Eine Knoblauchzehe schälen und in das Gefäß geben.

4

Einen roten Becher Parmesan hinzufügen.

5

Vier orange Becher Olivenöl in das Gefäß geben.

Zwei grüne Löffel gerebelte Petersilie hinzufügen.

7

Drei Prisen Salz darüberstreuen.

8

Mit dem Stabmixer alle Zutaten zu einem feinen Pesto pürieren.

GEMÜSE-AUFSTRICH

Ergibt: ca. 500 g • **Zubereitungszeit:** 30 Minuten • **Kochzeit:** 5 Minuten

Zutaten

1 Karotte

1 Paprika

1 Stange Lauch

1 Zwiebel

45 g Butter

50 g Schmand

Salz

Material

Becherset

Timer

Schneidebrett mit Messer

Sparschäler

Schüssel

Pfanne

Pfannenwender

Pürierstab

Schürze

1

Die Karotte schälen und die Enden abschneiden.

2

Die Zwiebel schälen.

3

Den Strunk der Paprika entfernen.

4

Die Enden des Lauches abschneiden und ihn halbieren.

5

Die Paprika-Stücke und die Lauchhälften waschen.

Das Gemüse in kleine Stücke schneiden und in die Schüssel geben.

7

Die Pfanne auf die Herdplatte stellen und den Herd einschalten.

8

Drei grüne Löffel Butter in die Pfanne geben.

9

Die Butter schmelzen lassen und das Gemüse in die Pfanne geben.

10

Alle Zutaten 5 Minuten in der Pfanne garen lassen. Dabei regelmäßig das Gemüse in der Pfanne wenden.

11

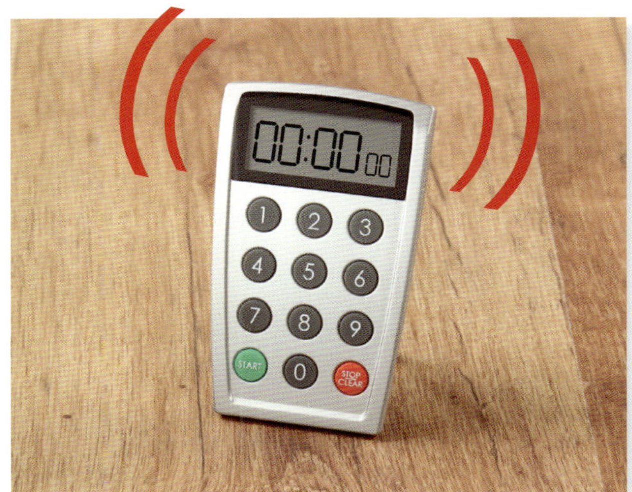

Wenn der Timer ertönt, das Gemüse in die Schüssel geben.

12

Drei grüne Löffel Schmand hinzufügen.

13

Einen gelben Löffel Salz über das Gemüse streuen.

14

Mit dem Stabmixer alle Zutaten zu einem feinen Aufstrich pürieren.

TOMATEN-KETCHUP

Ergibt: ca. 250 g • **Zubereitungszeit:** 20 Minuten • **Kochzeit:** 5 Minuten

Zutaten

1 Apfel

1 Zwiebel

125 g Tomatenmark

30 ml Weißweinessig

60 ml Wasser

Zucker

Salz

Zimt

Honig

Material

Becherset

Timer

Topf mit Deckel

Sparschäler

Schneidebrett mit Messer

Pürierstab

Schürze

1

Den Apfel schälen.

2

Den Apfel vierteln, die Kerne entfernen, in Stücke schneiden und in den Topf geben.

3

Die Zwiebel schälen.

4

Die Zwiebel grob würfeln und in den Topf geben.

5

Einen orangen Becher Weißweinessig in den Topf geben.

6

Zwei orange Becher Wasser hinzufügen.

7

Den Topf mit Deckel auf die Herdplatte stellen und die Zutaten 5 Minuten kochen.

8

Wenn der Timer ertönt, den Topf von der Herdplatte nehmen und den Deckel beiseitelegen.

9

Vier orange Becher Tomatenmark in den Topf geben.

10

Einen gelben Löffel Salz hinzufügen.

11

Zwei gelbe Löffel Zucker in den Topf geben.

12

Einen gelben Löffel Zimt hinzufügen.

13

Einen gelben Löffel Honig in den Topf geben.

14

Mit dem Stabmixer alle Zutaten zu einem feinen Dip pürieren.

CURRY-GEMÜSE
REISTOPF

Ergibt: Portion für 4-6 Personen • **Zubereitungszeit:** 30 Minuten • **Kochzeit:** 20 Minuten

Zutaten

270 g Basmatireis (Kochzeit 12-15 min)

750 ml auwarmes Wasser

4 mittelgroße Karotten (ca. 400 g)

2 mittelgroße Zucchini (ca. 500 g)

Currypulver

gekörnte Gemüsebrühe

Salz

Öl

Material

Becherset

Timer

Pfanne mit Deckel

Sparschäler

Schneidebrett mit Messer

Karottenreibe

Pfannenwender

Schürze

1

Zwei Zucchini in kleine Würfel schneiden und in die Pfanne geben.

2

Fünf Karotten schälen und die Enden abschneiden.

3

Die Karotten klein hobeln und in die Pfanne geben.

4

Drei rote Becher Reis hinzufügen.

5

Drei blaue Becher lauwarmes Wasser über den Reis gießen.

6

Zwei gelbe Löffel Curry Pulver hinzufügen.

7

Einen grünen Löffel gekörnte Gemüsebrühe in die Pfanne geben.

8

Einen grünen Löffel Öl hinzufügen.

9

Einen gelben Löffel Salz über die Zutaten streuen.

10

Mit dem Pfannenwender die Zutaten mischen.

11

Die Pfanne mit Deckel auf die Herdplatte stellen und 10 Minuten kochen.

12

Wenn der Timer ertönt, den Deckel beiseitelegen und alle Zutaten weitere 2 Minuten kochen lassen.

13

Während dieser zwei Minuten alle Zutaten mit dem Pfannenwender rühren.

14

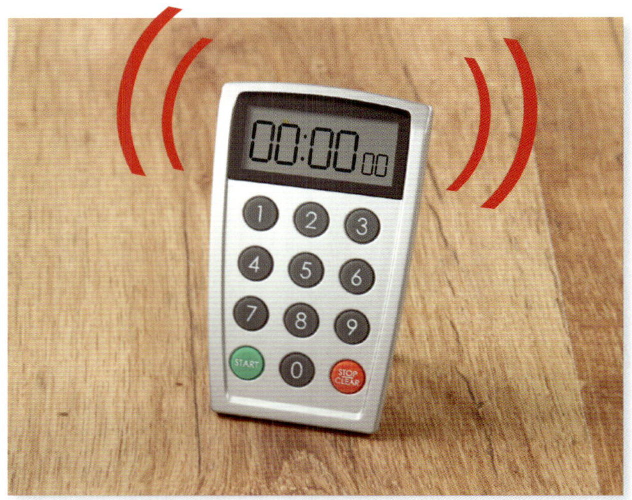

Wenn der Timer ertönt, die Pfanne von der Herdplatte nehmen.

15

Den Deckel auf die Pfanne machen und die Speise weitere 4 Minuten ziehen lassen.

16

Wenn der Timer ertönt, den Deckel entfernen. Fertig.

GEMÜSEPFANNE
MIT REIS

Ergibt: Portion für 4-6 Personen • **Zubereitungszeit:** 30 Minuten • **Kochzeit:** 15 Minuten

Zutaten

270 g Langkornreis (Kochzeit 12 – 15 min)

1 Liter lauwarmes Wasser

250 g Champignons

140 g Erbsen tiefgekühlt

1 rote Paprika

1 Zwiebel

gekörnte Gemüsebrühe

Salz

Olivenöl

Material

Becherset

Timer

Pfanne mit Deckel

Schneidebrett mit Messer

Pfannenwender

Schürze

1

Vier blaue Becher lauwarmes Wasser in die Pfanne gießen.

2

Zwei grüne Löffel gekörnte Gemüsebrühe hinzufügen.

3

Zwei grüne Löffel Olivenöl in die Pfanne geben.

4

Einen gelben Löffel Salz in die Pfanne streuen.

5

Drei rote Becher Reis hinzufügen.

6

Den Strunk der Paprika entfernen, in kleine Stücke schneiden und in die Pfanne geben.

7

Die Champignons in Scheiben schneiden und in die Pfanne geben.

8

Die Zwiebel schälen, in kleine Würfel schneiden und hinzufügen.

9

Einen blauen Becher Erbsen in die Pfanne geben.

10

Alle Zutaten mit dem Pfannenwender mischen.

11

Die Pfanne mit Deckel auf die Herdplatte stellen und 5 Minuten kochen lassen.

12

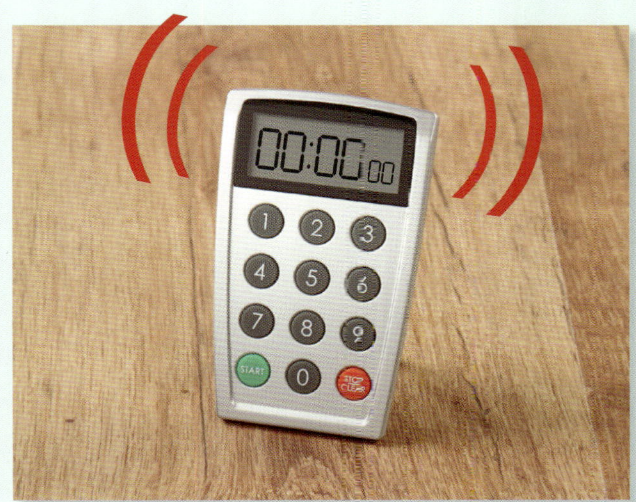

Wenn der Timer ertönt, den Deckel beiseitelegen und alles weitere 6 Minuten kochen lassen.

13

Während dieser 6 Minuten alle Zutaten mit dem Pfannenwender rühren.

14

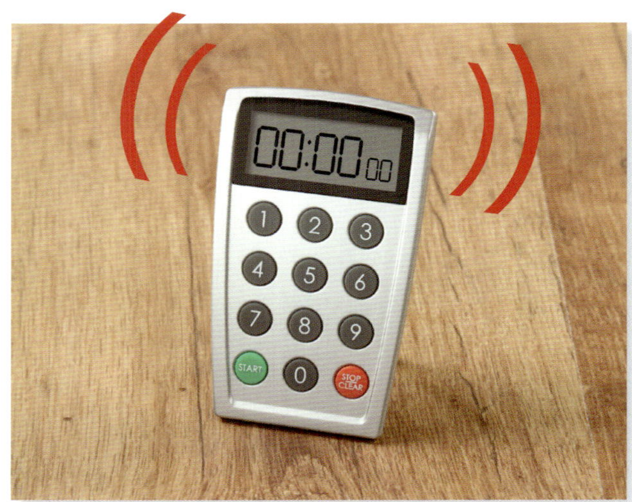

Wenn der Timer ertönt, die Pfanne von der Herdplatte nehmen.

15

Den Deckel auf die Pfanne machen und die Speise weitere 4 Minuten ziehen lassen.

16

Wenn der Timer ertönt, den Deckel entfernen. Fert g!

KARTOFFEL-PFANNE

Ergibt: Portion für 4-6 Personen • **Zubereitungszeit:** 30 Minuten • **Kochzeit:** 22 Minuten

Zutaten

3 mittelgroße Kartoffeln (ca. 500 g)

1 Aubergine

1 Zwiebel

250 g Champignons

250 ml Wasser lauwarm

375 ml Kokosmilch cremig

gekörnte Gemüsebrühe

Currypaste

Olivenöl

Material

Becherset

Timer

Pfanne mit Deckel

Sparschäler

Schneidebrett mit Messer

Pfannenwender

Schürze

1

Einen blauen Becher lauwarmes Wasser in die Pfanne gießen.

2

Die Kokosmilch dazugeben.

3

Einen grünen Löffel gekörnte Gemüsebrühe hinzufügen.

4

Einen grünen Löffel Olivenöl in die Pfanne geben.

5

Drei gelbe Löffel Currypaste hinzufügen.

6

Mit dem Pfannenwender alle Zutaten verrühren.

7

Die Zwiebel schälen.

8

Die Zwiebel in kleine Würfel schneiden und in die Pfanne geben.

9

Die Kartoffeln schälen.

10

Die Kartoffeln in Würfel schneiden und in die Pfanne geben.

11

Die Aubergine in Würfel schneiden und in die Pfanne geben.

12

Die Champignons in Scheiben schneiden und hinzufügen.

13

Mit dem Pfannenwender alle Zutaten verrühren.

14

Die Pfanne mit Deckel auf die Herdplatte stellen und die Zutaten 15 Minuten kochen.

15

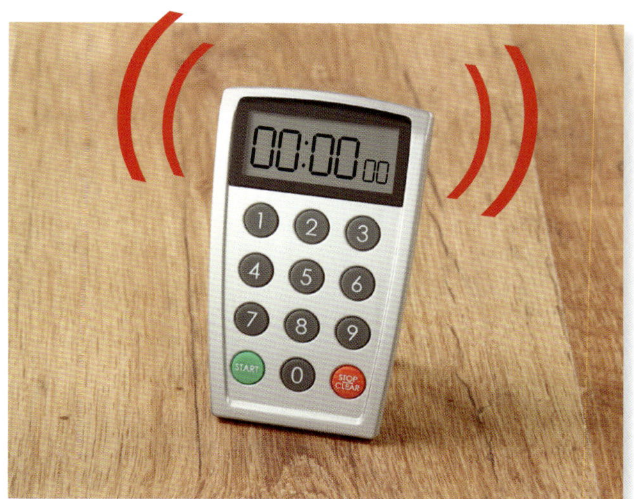

Wenn der Timer ertönt, den Deckel beiseitelegen und die Speise weitere 5 Minuten kochen lassen.

16

Während dieser fünf Minuten alle Zutaten mit dem Pfannenwender rühren.

17

Wenn der Timer ertönt, die Pfanne vom Herd nehmen.

18

Den Deckel auf die Pfanne legen und die Speise weitere 2 Minuten ruhen lassen.

19

Wenn der Timer ertönt, ist die Kartoffel-Pfanne fertig!

NUDEL-SPINAT TOPF

Ergibt: Portion für 4-6 Personen • **Zubereitungszeit:** 30 Minuten • **Kochzeit:** 20 Minuten

Zutaten

1 Zwiebel

1 Knoblauchzehe

250 g Nudeln
(Riccioli 8 Minuten Kochzeit)

100 g Blattspinat

400 g Tomatenstücke
aus der Dose

750 ml Wasser

Olivenöl

20 g Frischkäse

Basilikum gerebelt

Majoran gerebelt

Salz

gekörnte Gemüsebrühe

Material

Becherset

Timer

Pfanne mit Deckel

Schneidebrett mit Messer

Knoblauchpresse

Löffel

Pfannenwender

Schürze

1

Drei blaue Becher Wasser in die Pfanne gießen.

2

Einen gelben Löffel Salz hinzufügen.

3

Einen gelben Löffel Basilikum gerebelt in die Pfanne geben.

4

Einen gelben Löffel Majoran gerebelt hinzufügen.

5

Einen grünen Löffel gekörnte Gemüsebrühe in die Pfanne geben.

6

Einen grünen Löffel Frischkäse hinzufügen.

7

Zwei grüne Löffel Olivenöl in die Pfanne gießen.

8

Mit dem Löffel alle Zutaten verrühren.

9

Die Zwiebel schälen, in kleine Würfel scheiden und in die Pfanne geben.

10

Die Knoblauchzehe schälen, durch die Presse drücken und in die Pfanne geben.

11

Den Spinat klein schneiden und in die Pfanne geben.

12

Eine Dose Tomatenstücke hinzufügen.

13

Drei blaue Becher Nudeln in die Pfanne geben.

14

Mit dem Pfannenwender alle Zutaten mischen.

15

Die Pfanne mit Deckel auf die Herdplatte stellen und die Zutaten 10 Minuten kochen.

16

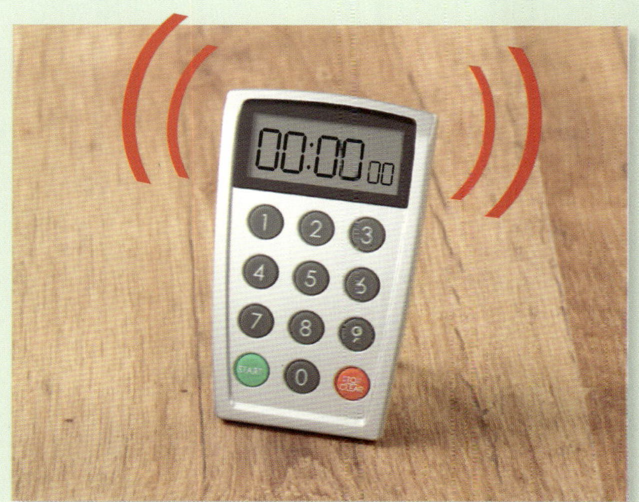

Wenn der Timer ertönt, den Deckel beiseitelegen und alles weitere 5 Minuten kochen lassen.

17

Während dieser 5 Minuten alle Zutaten mit dem Pfannenwender rühren.

18

Wenn der Timer ertönt, die Pfanne von der Herdplatte nehmen.

19

Der Deckel auf die Pfanne legen und die Speise weitere 5 Minuten ziehen lassen.

20

Wenn der Timer ertönt, den Deckel entfernen. Fertig!

MAIS-KÜCHLEIN

Ergibt: 6 Stück • **Zubereitungszeit:** 30 Minuten • **Backzeit:** 20 Minuten

Zutaten

1 Dose Mais

1 kleine Zwiebel

1 Knoblauchzehe

1 Bund Schnittlauch

1 Ei

1 Päckchen Backpulver

Mehl

Paniermehl

Öl

Paprikapulver

Material

Becherset

Timer

Schneidebrett mit Messer

Sieb

Hohes Gefäß zum Pürieren

Pürierstab

Löffel

Messer

Kleines Schälchen

Backblech mit Backpapier

Pinsel

Pfannenwender

Topflappen

Schürze

1

Eine Dose Mais abschütten und in das Püriegefäß geben.

2

Die Zwiebel schälen.

3

Die Zwiebel in Würfel schneiden und zum Mais hinzufügen.

4

Die Knoblauchzehe schälen und in das Gefäß geben.

5

Mit dem Stabmixer die Zutaten zu einer feinen Masse pürieren.

6

Den Schnittlauch klein schneiden und in das Gefäß geben.

7

Ein Ei aufschlagen und hinzufügen.

8

Zwei gelbe Löffel Backpulver in das Gefäß geben.

9

Vier grüne Löffel Mehl hinzufügen.

10

Vier grüne Löffel Paniermehl darüberstreuen.

11

Mit dem Löffel die Zutaten vermischen.

12

Den Backofen auf 200 °C Ober-/ Unterhitze vorheizen.

13

Drei grüne Löffel Öl in ein Schälchen gießen.

14

Einen gelben Löffel Parikapulver zum Öl hinzufügen.

15

Das Paprikapulver mit dem Öl mischen.

16

Mit dem Pinsel sechs Paprika-Öl-Kreise auf das mit Backpapier belgete Blech machen.

17

Mit dem Löffel die Maismasse auf den Ölkreisen verteilen.

18

Die Maistaler mit dem Paprikaöl betupfen.

19

Das Blech mit den Maistalern in den Ofen schieben.
Den Timer auf 10 Minuten einstellen.

20

Wenn der Timer ertönt, das Blech aus dem Backofen herausnehmen.

21

Die Maistaler mit dem Pfannenwender auf die andere Seite drehen.

22

Die Taler mit der Paprikaöl betupfen.

23

Das Blech mit den Maistalern in den Ofen schieben. Den Timer auf 10 Minuten einstellen.

24

Wenn der Timer ertönt, das Blech mit den gebackenen Maisküchlein mit Topflappen aus dem Ofen nehmen. Fertig!

KARTOFFEL-AUFLAUF

Ergibt: Portion für 4-6 Personen • **Zubereitungszeit:** 40 Minuten • **Backzeit:** 50 Minuten

Zutaten

500 g Kartoffeln (3 große)

1 kleine Zwiebel

2 Paprika

200 g Schafskäse

100 g geriebener Käse

2 Eier

30 g Mehl

Salz

Material

Becherset

Timer

Schüssel

Sparschäler

Schneidebrett mit Messer

Kartoffelhobel

Auflaufform mit Backpapier

Topflappen

Schürze

1

2

Die Kartoffeln schälen.

Die Zwiebel schälen.

3

Die Kartoffel in Streifen reiben und in die Schüssel geben.

4

Die Zwiebel reiben und zu den Kartoffeln hinzufügen.

5

Einen gelben Löffel Salz in die Schüssel geben.

6

Drei grüne Löffel Mehl hinzufügen.

7

Den Feta klein schneiden und in die Schüssel geben.

8

Die Paprika in Würfel schneiden und hinzufügen.

9

Zwei Eier aufschlagen und in die Schüssel geben.

10

Alle Zutaten mit der Hand vermischen.

11

Das Backpapier in die Auflaufform legen.

12

Die Kartoffelmasse in der Form verteilen.

13

Den Backofen auf 200 °C Ober-/ Unterhitze vorheizen.

14

Einen blauen Becher geriebenen Käse über die Zutaten streuen.

15

Die Auflaufform in den Ofen schieben.
Den Timer auf 50 Minuten einstellen und den Kartoffelauflauf im Ofen backen.

16

Wenn der Timer ertönt, die Auflaufform mit Topflappen aus dem Ofen nehmen.
Fertig!

MILCH-REIS

Ergibt: Portion für 4 Personen • **Zubereitungszeit:** 15 Minuten • **Backzeit:** 80 Minuten

Zutaten

250 g Milchreis

750 ml Milch

70 g Zucker

Zimt

Butter

Material

Becherset

Timer

Auflaufform

Topflappen

Schürze

1

Den Backofen auf 180 °C Ober-/ Unterhitze vorheizen.

2

Die Auflaufform mit einem grünen Löffel Butter einfetten.

3

Einen gelben Löffel Zimt in der Form verteilen.

4

Zwei rote Becher Milchreis in die Auflaufform geben.

5

Zwei orange Becher Zucker über den Milchreis streuen.

6

Drei blaue Becher Milch hinzufügen.

7

Die Auflaufform mit dem Milchreis in den Ofen schieben. Den Timer auf 80 Minuten einstellen.

8

Wenn der Timer ertönt, die Auflaufform mit Topflappen aus dem Ofen nehmen. Fertig!

KARTOFFELKUCHEN VOM BLECH

Ergibt: 1 Blech • **Zubereitungszeit:** 60 Minuten • **Backzeit:** 25 Minuten

Zutaten

6 mittelgroße mehligkochende Kartoffeln (ca. 500 g)

280 g Weizenmehl

250 g Butter

3 Eier

1 Päckchen Backpulver

Zucker

Zimt

Material

Becherset

Timer

Kochtopf

Rührschüssel

Messer

Kartoffelpresse

Rührgerät mit Knethaken

Backblech mit Backpapier

Teigschaber

kleine Schüssel

Topflappen

Schürze

1

Sechs mittelgroße Kartoffeln in den Topf legen und mit Wasser bedecken.

2

Den Timer auf 25 Minuten einstellen und die Kartoffeln weich kochen.

3

Wenn der Timer klingelt, die Kartoffeln abschütten und auskühlen lassen.

4

Vier rote Becher Mehl in die Schüssel geben.

5

Ein Päckchen Backpulver hinzufügen.

Die ganze Butter klein schneiden und in die Schüssel geben.

7

Die Kartoffeln pellen und durch die Kartoffelpresse drücken.

8

Zwei grüne Löffel Zucker über die Kartoffeln streuen.

9

Drei Eier aufschlagen und in die Schüssel geben.

10

Alle Zutaten mit dem Handrührgerät zu einem glatten Teig verrühren.

11

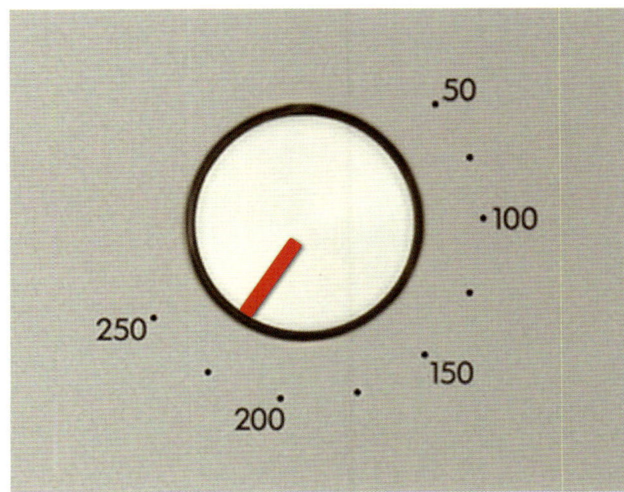

Den Backofen auf 225 °C Ober-/Unterhitze vorheizen.

12

Den Teig auf dem mit Backpapier belgeten Blech verteilen.

13

Das Backblech mit dem Kartoffelkuchen in den Ofen schieben. Den Timer auf 25 Minuten einstellen und den Kuchen backen.

14

Drei grüne Löffel Zucker in eine Schüssel geben.

15

Einen gelben Löffel Zimt hinzufügen.

16

Zucker und Zimt miteinander mischen.

17

Wenn der Timer klingelt, den gebackenen Kartoffelkuchen mit Topflappen aus dem Ofen nehmen.

18

Den Kuchen mit der Zucker-Zimt-Mischung bestreuen. Fertig!

APFEL-
MUS

Ergibt: ca. 1 kg • **Zubereitungszeit:** 40 Minuten • **Kochzeit:** 10 Minuten

Zutaten

9 Äpfel (ca. 1,5 kg)

125 ml Wasser

1 Zimtstange

Zucker

Material

Becherset

Timer

Sparschäler

Schneidebrett mit Messer

Großer Kochtopf mit Deckel

Pürierstab

Schürze

1

Alle Äpfel schälen.

2

Die Äpfel in vier Teile schneiden.

3

Bei allen Apfelstücken das Kerngehäuse entfernen.

4

Die Äpfel in kleine Stücke schneiden und in den Topf geben.

5

Einen roten Becher Wasser in den Topf geben.

6

Eine Zimtstange in den Topf legen.

7

Den Topf mit Deckel auf die Herdplatte stellen und alle Zutaten 10 Minuten weich kochen.

8

Wenn der Timer ertönt, den Topf von der Herdplatte nehmen und den Deckel entfernen.

9

Die Zimtstange herausnehmen.

10

Drei grüne Löffel Zucker auf die Äpfel streuen.

11

Mit dem Stabmixer die Äpfel zu feinem Apfelmus pürieren.

Autorin
Birgit Wenz

Verlag
Stefan Wenz – Becherkueche.de
79288 Gottenheim
info@becherkueche.de
www.becherkueche.de

Vermarktung & Vertrieb
DS Produkte GmbH
Stormarnring 14
22145 Stapelfeld
www.dspro.de

Fotografie
Flashpointstudio GbR, Freiburg
www.flashpointstudio.de

DS Produkte GmbH
www.dspro.de

Bildnachweise
www.istock.de
Titel: UberImages

1. Auflage April 2018
ISBN 978-3-9818650-9-7